MÉDITATIONS

POLITIQUES

« Toute puissance est faible à moins que d'être unie. »
L. F. Liv. 4. F. 18.

PARIS
GARNIER FRÈRES, LIBRAIRES-ÉDITEURS
Palais-National,
ET CHEZ TOUS LES LIBRAIRES.

1850

MÉDITATIONS

POLITIQUES

Livrerai-je à la publicité ces quelques lignes, que je vais écrire?

Je ne sais encore.

J'écris pour moi d'abord, pour me forcer à une appréciation plus attentive de la situation politique, pour me rendre un compte plus exact des causes qui donnent à l'élection du 10 mars une si funeste influence sur la prospérité publique, pour chercher la solution de la crise actuelle.

La révolution de février 1848 a causé dans la France entière un saisissement profond, mêlé de surprise, d'espérance et d'effroi.

De *Surprise*, en effet :

Avec quelle rapidité cette dynastie naissante, pleine d'avenir, florissante encore, malgré la perte sensible qu'elle avait éprouvée, n'avait-elle pas été renversée! Intéressante duchesse d'Orléans, esprit élevé, noble cœur, Joinville, d'Aumale, dont la soumission aux ordres de la mère-patrie fut empreinte d'une si parfaite dignité, accompagnée de si touchants regrets, la France n'avait pour vous que des sentiments de respect, d'estime, souffrez que je dise de bienveillance.

De *Surprise*, encore : comment de si braves soldats avaient donné leurs armes! (point tous, cependant). Comment la royauté ne s'était pas défendue! Elle avait fui et dans quel équipage?

D'*Espérance*, sans doute : depuis 1814, se faisait l'éducation libérale de la France. Royer-Collard, de Broglie, Guizot, Dupin, Casimir-Périer, J. Laffitte, le général Foy, Benjamin Constant, Martignac (j'en passe, et des meilleurs), avaient préparé la révolution de 1830, et la monarchie entourée d'institutions républicaines. Tocqueville, Thiers, Guizot, Odilon Barrot continuèrent cet enseignement. En 1848, la République vint trop tôt, toutefois on s'en était rapproché sensiblement depuis 1830.

La soudaineté de cette révolution, sans lutte, sans ressentimens, souveraine dès le premier jour, l'égalité civile établie déjà, tout faisait espérer la marche paisible de la démocratie. Après avoir déjà tant souffert des révolutions, nous devions recueillir le bénéfice d'être plus avancés dans notre émancipation politique, dans les voies de la liberté.

D'*effroi*, cependant aussi : les plus riches étaient naturellement les plus intimidés. Ils sont trop heureux pour ne pas s'inquiéter de tous changements ; ils se prêtaient néanmoins à la République, plus effrayés que convaincus. *Effrayés*, ils ne l'étaient pas seuls : quand on a vu la capitale au pouvoir d'une multitude composée d'éléments si divers, le gouvernement provisoire, en partie sous le joug des passions qui n'étaient pas les meilleures du moment, quand on a entendu certaines prédications incendiaires, il est facile d'admettre qu'un légitime *effroi* devait se répandre et contribuer au saisissement profond que causait la Révolution.

C'est sous l'empire de ces impressions que s'est formée la pensée de conciliation qui a présidé à l'élection de l'Assemblée constituante ; l'opinion, j'entends l'opinion de la majorité des électeurs, était alors républicaine, mais elle indiqua, par la haute position qu'elle fit à Lamartine, comment elle entendait sa république.

Le cours des événements, qui ne pouvait rien changer à la mission de l'Assemblée constituante, ni à ses convictions affermies, devait produire et a produit réellement plus d'effet sur l'opinion publique. L'attentat du 15 mai, les sanglantes journées de juin, la sécurité même dont cette affreuse insurrection fut suivie, firent sentir le besoin de fortifier le principe d'autorité, éloignèrent de tout ce qui avait appartenu au gouvernement provisoire, et malgré l'immense service rendu à la société par le général Cavaignac, malgré son incontestable capacité, son nom et son entourage trop républicains nuisirent à sa candidature; le nom de *Napoléon* avait une grandeur et un prestige qui l'emportèrent. On a dit avec raison que ce nom était tout un système et une garantie d'orde public. Le général Cavaignac quitta le pouvoir en homme digne de le conserver.

Le président de la République et son ministère comprirent l'autorité que leur donnaient six millions de suffrages. Ils opposèrent une ferme résistance à l'entraînement de l'Assemblée constituante, qui voulait achever l'œuvre de nos institutions. L'Assemblée fut obligée de résigner ses pouvoirs.

C'était alors, si possible eût été, que la question aurait dû être posée entre la République et la Monarchie. Mais il n'y avait de possible, sans guerre civile, que de se séparer des républicains et de conserver la République. Telles furent les élections de l'Assemblée législative. Elles ont été dominées par le besoin de résister aux doctrines impies qui menacent la religion, la famille et la propriété. Les vieux partis ont alors reparu, invoquant leurs principes d'ordre comme s'ils en avaient le monopole. Le républicain sincère était suspect. On était loin de la pensée de conciliation des élections de 1848. Le résultat fut de composer l'Assemblée nationale de deux partis extrêmes.

Depuis, il a été bien porté de se dire réactionnaire, de faire grand bruit de regrets qui avaient été d'abord plus discrets, de confondre les vrais républicains avec les sectateurs de doctrines subversives de toute société, de parler de coups d'Etat, d'en accueillir et d'en propager la nouvelle, de considérer la situation comme transitoire, de prédire la chute prochaine de la République. Toutefois, le bon sens public ne prenait pas au sérieux ces velléités monarchiques. Le calme se faisait dans les esprits, la prospérité commençait à renaître; les élections du 10 mars sont venues en arrêter l'essor. Qui leur a donné cette fatale importance?

La couronne de France n'est pas pour être refusée. Ne

serait guère ambitieux qui ne se laisserait faire une douce violence pour l'accepter, qui ne se prêterait même à la circonstance. Les vieux partis ont tant parlé de monarchie, qu'il ne faudrait pas être rigoureux sur le désir qu'ils en pourraient donner. Le président est un honnête homme, à coup sûr; il ne fera pas violence au pays; mais si le pays veut absolument être sauvé, il le sauvera, sans calculer les périls de l'entreprise. On sait que ce n'est pas là ce qui le pourrait arrêter. Le prince Louis-*Napoléon* saurait monter au trône qui lui serait offert, le disputer même à qui voudrait y prétendre. Voilà l'une des causes de cette incertitude du lendemain qui paralyse la prospérité publique.

Les pouvoirs publics n'ont pas toujours vécu dans un parfait accord. Le président ne se peut confier absolument au parti légitimiste; des hommes d'Etat semblent attachés à la famille d'Orléans; il y a raison suffisante de prudente réserve dans les rapports de la présidence et de l'Assemblée. Autre cause d'inquiétude pour le pays, de stagnation pour l'industrie.

A force de repousser les républicains, le grand parti de l'ordre, s'en est séparé. On est parvenu à diviser la France en deux camps, comme l'Assemblée est divisée en deux partis extrêmes. Les élections du 10 mars ont prouvé que le camp de la monarchie pouvait, dans un cas donné, n'être ni le plus fort, ni le plus nombreux.

Enfin, il est impossible de fermer les yeux sur le péril des élections attendues en 1852. Le socialisme se promet la victoire dans le champ clos du suffrage universel; on le discipline avec cette pensée ; les hommes d'insurrection attendront pour ne point prêter à un coup d'Etat.

Telles sont les causes réunies qui donnent aux élections du 10 mars une si funeste influence.

D'où peut venir la solution, et quelle sera-t-elle ?

Qu'on ne l'espère pas d'un changement dans la forme politique. Plus nous marchons, moins ce changement est praticable. La légalité est plus forte que les plus ardents désirs d'un parti réactionnaire qui n'a pas la majorité numérique. Il croit former l'opinion publique, mais il n'en est qu'un élément, notable, sans doute, mais en minorité. D'ailleurs, ne serait-il pas affligeant de penser qu'en France, l'opinion abandonne toujours le gouvernement établi, si c'est une monarchie parce qu'elle est rétrograde, si c'est une république parce qu'elle est progressive? Il faut pourtant garder un gouvernement et en finir avec les révolutions. L'Assemblée législative réserve, comme on vient de le voir, *la question préalable* aux motions inconstitutionnelles. Le retour à la monarchie est une impossibilité légale, et de fait, ce n'est donc pas la solution de la crise qui s'est déjà trop prolongée. S'efforcer de faire sortir le bien de l'excès du mal, serait une politique expérimentale digne de châtiment; susciter la guerre civile, appeler une intervention étrangère qui provoquerait en France des convulsions généreuses, serait un crime et de plus une folie : l'Italie est frémissante, la Prusse est démocratique, l'Autriche et la Hongrie sont révolutionnaires, la Russie a ses visées en Orient, et le génie de Pierre-le-Grand en prévoyant qu'elle pourrait se répandre sur l'Europe, n'a pas pressenti le développement des idées libérales, l'avénement de la République.

Enfin, est-ce que le tout-puissant a voulu que le monde s'éclaire pour le rejeter dans les ténèbres, est-ce qu'il a permis la chute des rois avec cette cause finale d'un inévitable retour à la monarchie, est-ce qu'il a imprimé au fleuve de la démocratie son cours pour en faire remonter les flots à leur source? Réservons ces redoutables questions à sa providence! Attendons, le front dans la poussière, ses impénétrables décrets. A notre faiblesse il n'est donné ni de les pressentir, ni de s'y soustraire.

D'où peut donc nous venir la solution de la crise qui retient captive la prospérité publique, et encore une fois quelle doit être cette solution ?

Continuer à faire planer sur la situation la menace d'un

coup d'État ; laisser la République en question; prolonger cette *entente cordiale* entre la présidence et la majorité de l'Assemblée qui ressemble assez à une guerre d'observation. Certes, ce n'est pas ce qu'il faut faire; de bonne foi, que pourrait-on espérer d'un tel système?

. . . .

Puisque l'incertitude du lendemain est la cause principale de la crise, la raison n'indique-t-elle pas qu'il faut commencer par substituer l'assurance au doute. Que les partis monarchiques qui sont dans l'Assemblée sacrifient, sur l'autel de la patrie, leurs préférences et leurs souvenirs ; quand les choses et les temps ont changé, il faut savoir oublier et apprendre. Nul n'est forcé de servir la République, mais on ne doit en accepter le mandat qu'avec une entière bonne foi; et alors il faut y conformer toutes ses paroles, toutes ses actions, faire si bien, parler si haut, si nettement, que le soupçon ne puisse exister sur la sincérité du dévouement que l'on consacre à l'affermissement de la République. Cette conduite franche de l'Assemblée réglerait à l'instant l'attitude de tous les pouvoirs publics. Sans qu'il soit besoin de message ni d'explication, le plus parfait accord s'établirait entre le président et l'Assemblée. Comme on l'a dit, si souvent que l'expression en est vulgaire, la République est un terrain neutre sur lequel tous les partis peuvent se rencontrer, abjurer leurs divisions, et s'unir dans un pur sentiment de patriotisme. . . . .

Que l'Assemblée, pénétrée de sa responsabilité devant l'histoire et envers le pays, donne non-seulement l'exemple de la concorde entre tous les bons citoyens, mais qu'elle manifeste son zèle pour la République par l'activité de ses travaux et le libéralisme de ses lois sur l'éducation professionnelle, les institutions de prévoyance et de crédit, les institutions agricoles, sur l'assistance publique, enfin qu'elle aborde sérieusement la question difficile de la proportionnalité de l'impôt. La France en se constituant en république s'est proposé pour but, et il y faut atteindre, d'assurer une répartition de plus en plus équitable des charges et des avantages de la société, de faire parvenir tous les citoyens, *sans nouvelle commotion*, à un degré toujours plus élevé de moralité, de lumières et de bien-être. L'urgence appartient, surtout, aux lois qui réaliseront ces magnifiques promesses. Que l'on voie l'Assemblée s'en occuper chaque jour, le calme sera dans la cité, et bientôt la confiance renaîtra.

Imaginer de confisquer la République au profit des hommes de la monarchie, de repousser systématiquement tout républicain de la veille et du lendemain, ceux-là même dont les convictions sont les plus respectables, qui en ont fourni les gages les meilleurs, et qui n'ont pas donné de moindres garanties de leur dévouement à l'ordre public, qui nous ont conservé le drapeau qui fit glorieusement le tour du monde, qui n'ont voulu qu'une république *honnête* et *modérée*, c'est commettre la faute que l'on a si fortement reproché aux républicains de la veille, de se montrer exclusifs et de ne vouloir de la République que pour eux et leurs amis; c'est diviser au lieu d'unir. Alliance, au contraire, entre tous les républicains sincères sans distinction de date, sans autre condition qu'un égal respect pour les intérêts sacrés de la religion, de la famille et de la propriété.

Qu'on soit sans crainte après cela : qu'on laisse venir les élections de 1852, elles n'offriront aucun péril. Le parti national, s'il avait été ainsi formé, aurait obtenu, pour la liste de ses candidats, une majorité de plus de 150,000 suffrages à Paris, aux élections du 10 mars; les voix de l'armée ne lui auraient pas manqué. Qu'on imagine la quiétude qu'un semblable résultat aurait produit, l'élan qu'il aurait donné à la prospérité publique, la force qu'il aurait transmise à notre diplomatie, et que l'on mesure l'étendue de la faute commise !

Sans attacher plus d'importance qu'il ne convient au résultat de l'élection qui va se faire à Paris, le 28 avril, j'aurais voulu, cependant, que le Comité de l'Union fît appel à des notabilités républicaines, qu'un manifeste de conciliation fût publié et que les électeurs fussent consultés dans un scrutin préparatoire. Je sais que le nom du général Foy est populaire, qu'il est resté cher au pays. Je n'interdis pas, à Dieu ne plaise, au fils la noble ambition de marcher sur les traces du père, de faire preuve du même dévouement; mais il fallait laisser les électeurs se prononcer.

En présence des attaques incessantes dirigées contre la société, il ne devrait y avoir, encore aujourd'hui, qu'un parti : celui de l'ordre.

Les bons citoyens qui ont contracté la fraternité du dévouement et du péril dans les journées de Juin devraient être unis d'un lien indissoluble. La patrie en danger ne leur a pas remis leur engagement, et contre les ennemis de son indépendance ou de son repos, elle veut être assurée de trouver, au premier appel, tous ses défenseurs en colonne serrée sous le même drapeau.

Jamais en France la majorité n'appartiendra aux opinions extrêmes. Le juste milieu, c'est la raison. Le parti conservateur aujourd'hui, c'est le parti républicain. L'union intime de tous les honnêtes gens dans ce grand parti national constituerait une force inébranlable, garantirait l'avenir, rétablirait la confiance, rendrait la vie à l'industrie, rouvrirait les sources de la prospérité publique !

Ne nous inquiétons pas, trop à l'avance, de la révision de la Constitution. Alors, comme alors. Nous y serons probablement mieux préparés. Tout devient facile lorsque l'on est d'accord sur le principe, lorsque l'on a mutuellement confiance, lorsque l'on sait que l'on marche au même but.

Je prêche l'alliance et la concorde, ma voix sera-t-elle entendue?

10 avril 1850.

E. HOCMELLE,

Avocat à la Cour d'appel de Paris.

Paris. Imprimerie Maulde et Renou, rue Bailleu, 9-11. 4117

www.ingramcontent.com/pod-product-compliance
Ingram Content Group UK Ltd.
Pitfield, Milton Keynes, MK11 3LW, UK
UKHW032040260826
14628UKWH00007B/3090